Bibliografische Information der Deutschen Nationalbibliothek: Die Deutsche Nationalbibliothek verzeichnet diese Publikation in der Deutschen Nationalbibliografie, detaillierte bibliografische Daten sind im Internet über dnb.dnb.de abrufbar.

© 2025 Klaus-Peter Dreykorn
Verlag: BoD · Books on Demand GmbH,
In de Tarpen 42, 22848 Norderstedt,
bod@bod.de

Grafische Gestaltung:
Eva Maria Dreykorn

Bildmaterial: BigStockPhoto
Eva Maria Dreykorn

Druck: Libri Plureos GmbH,
Friedensallee 273, 22763 Hamburg
ISBN: 978-3-7693-5039-5

Klaus-Peter Dreykorn

Meine Zukunft ist der nächste Tag!

Heute ist morgen schon gestern!

Inhaltsverzeichnis

Danke

Prof. Dr. med. Hagen Loertzer
und Team, im Westpfalz-Klinikum,
Kaiserslautern

ich möchte mich bei Ihnen von Herzen für die herausragende Betreuung bedanken, die ich von Ihnen und Ihrem Team erfahren habe. Ihr beeindruckendes Fachwissen und Ihre einfühlsame Art haben mir in der für mich herausfordernden Zeit enorm geholfen.

Es ist beruhigend zu wissen, dass ich mich in solch kompetente und fürsorgliche Hände begeben kann. Ihr Engagement und Ihre Empathie sind wirklich bemerkenswert und verdienen höchste Anerkennung.

Noch einmal vielen Dank für alles, was Sie und Ihr Team für mich getan haben und weiter tun werden.

Herzlichst
Ihr Klaus-Peter Dreykorn

Das solltest du von mir wissen!

An dieser Stelle sollst du zunächst etwas über mich erfahren. Geboren im Jahre 1947, begann ich meine berufliche Laufbahn mit einer Ausbildung zum Industriekaufmann. Mein Interesse an dem menschlichen Erleben und Verhalten führte mich einige Zeit danach zum Studium der integrativen Psychologie.

In meinem persönlichen Leben erlebte ich zwei kurzfristige Ehen, die mich wertvolle Lektionen über Beziehungen und das Leben im Allgemeinen lehrten.

Bereits 1974 gründete ich nebenberuflich das „Institut für angewandte soziale Fähigkeiten" abgekürzt ISF. Unterstützt von meinem Lebensmentor, Dr. Eduard Herz, führten wir die ersten Workshops „Anti Stress Training für Führungskräfte" und „Gruppendynamik - mehr Effizienz im Management" durch.

Seit 1980 bin ich selbstständig tätig als Berater, Coach und Trainer. Mein

Fokus liegt auf der persönlichen Potenzialentwicklung und -entfaltung. Dabei unterstütze ich Menschen ihre Stärken zu erkennen und zu nutzen. Ebenso in meinen Lehraufträgen von 1984 bis 2000 als Honorarprofessor an einer dualen Hochschule.

Im Jahr 1981 hatte ich das große Glück, die Liebe meines Lebens kennenzulernen, was mein Leben und meine Arbeit nachhaltig bereicherte.

All diese Erlebnisse und Erfahrungen haben mich geprägt und motivieren mich, anderen auf ihrem Weg zu helfen, ihr volles Potenzial zu entfalten.

Ich habe ein starkes Engagement für soziale Kompetenzen und die Arbeit mit jungen Menschen. Als ‚Rudelführer' bei den christlichen Pfadfindern konnte ich 13 Jahre wertvolle Erfahrungen in der Teamführung und der Förderung von Gemeinschaftsgeist sammeln. In der evangelischen Lutherkirche übernahm ich die

Leitung von Kindergottesdiensten, in denen ich meine organisatorischen Fähigkeiten, und meine Leidenschaft für die Arbeit mit Kindern und Jugendlichen einbringen konnte.

Zusätzlich war ich Jugendleiter in der Deutschen Angestellten Gewerkschaft, wo ich mich für die Belange junger Menschen in der Arbeitswelt einsetzte. Mein ehrenamtliches Engagement als Jugendpfleger in der Kreisstadt, in der ich geboren wurde und aufwuchs, hat mir die Möglichkeit gegeben, aktiv zur Entwicklung und Unterstützung der Jugend in meiner Heimat beizutragen.

Neben meiner sozialen Arbeit initiierte ich auch kreative Projekte, wie die Gründung der Kabarettgruppe „Die Kneifzangen" und die Durchführung von Theateraufführungen. Musik spielt ebenfalls eine wichtige Rolle in meinem Leben. Als ehemaliges Mitglied einer Band, in der ich sang und Gitarre spielte, hatte ich die Gelegenheit, bei zahlreichen Auftritten meine Leidenschaft für die Musik mit anderen zu teilen. Diese vielfältigen Erfahrungen haben meine sozialen Kompetenzen gestärkt und mir ermöglicht, einen positiven Einfluss auf die Gemeinschaft auszuüben.

Heute engagiere ich mich ehrenamtlich für einen Bildungsverband und schreibe Bücher. Hier bringe ich meine Leidenschaft für lebenslanges Lernen und persönliche Entwicklung ein. Ich halte inspirierende Vorträge und leite Workshops in verschiedenen Bildungsportalen, die sich mit zentralen Lebensthemen befassen.

Mein Ziel ist es, die Lebenskompetenz der Teilnehmer zu steigern und ihnen wertvolle Werkzeuge an die Hand zu geben, um ihre Herausforderungen erfolgreich zu meistern. Darüber hinaus bilde ich Menschen zu Coaches aus, um sie auf ihrem Weg zur persönlichen Entfaltung und professionellen Weiterentwicklung zu unterstützen.

Gedanken
zu diesem Buch

Dieses Buch "Meine ZUKUNFT - ist der nächste Tag" entfaltet eine Fülle an Assoziationen, die dich als Leser auf eine spannende und inspirierende Reise mitnehmen.

Schon der erste Eindruck vermittelt eine ermutigende Botschaft: Jeder neue Tag ist eine leere Leinwand, auf der wir unsere Wünsche und Ziele neugestalten können. Eine starke Botschaft, die anregt, das Beste aus jedem Tag herauszuholen.

In einer Welt, die oft von der Angst vor Morgen geprägt ist, fordert mein Buch auf, die Zukunft in der Gegenwart zu sehen. Es ermutigt, im Hier und Jetzt zu leben und die Entscheidungen, die wir heute treffen, als Bausteine für den nächsten Tag wahrzunehmen. Jedes Mal, wenn wir einen neuen Tag begrüßen, öffnet sich ein Raum für Veränderungen – eine faszinierende Einladung, das Potenzial des gegenwärtigen Moments zu erkennen.

Dieses Buch suggeriert, dass die Zukunft nicht in fernliegenden Träumen oder unerreichbaren Zielen liegt, sondern direkt in unserem Alltag verankert ist. Es sind die kleinen Entscheidungen und Handlungen die alltäglich erscheinen und letztlich unsere Lebensrichtung bestimmen. Ich möchte meine Leserinnen und Leser inspirieren, die eigene Verantwortung zu erkennen und aktiv an der Gestaltung „ZUKUNFT" mitzuarbeiten.

In einer Zeit, in der unser Handeln unmittelbare Auswirkungen auf die Welt hat, beleuchtet dieses Buch auch die Themen Nachhaltigkeit und Verantwortung. Diese Perspektive lädt dazu ein, über die eigenen Entscheidungen nachzudenken und eine positive Veränderung anzustreben.

Mein Buchtitel regt darüber hinaus zu philosophischen Überlegungen über die Zeit an. Wie definieren wir die Zukunft, und wie beeinflusst unser Blick auf die Zeit unser Leben und unsere Entscheidungen? Sie, die Leser, werden eingeladen, ihre eigenen Wahrnehmungen von Zeit zu hinterfragen und zu erkennen.

"Meine ZUKUNFT - ist der nächste Tag" eine faszinierende Erkundung des Lebens, die uns dazu inspiriert, täglich neue Wege zu gehen, Verantwortung zu übernehmen und die Möglichkeiten, die jeder neue Tag bietet, zu umarmen. Es wird spannend sein zu erfahren, wie diese Themen in die Erkenntnisse dieses Buches integriert werden. Eine Reise, die sicherlich zum Nachdenken anregt und motiviert, die eigenen Träume zu verfolgen.

„Heute ist morgen
schon gestern!"

Ich erinnere mich noch an eine Vorlesung, in der unser Professor diese Aussage zitierte, die dem deutschen Schriftsteller und Philosophen Erich Kästner zugeschrieben wird. Heute ist Morgen schon Gestern bringt eine gewisse philosophische Betrachtung dem Jetzt, der Zukunft und der Vergänglichkeit zum Ausdruck. Diese Worte reflektieren die Idee, dass die Zeit schnell vergeht und dass der Moment, den wir im Jetzt erleben, bald schon Vergangenheit sein wird.

Die Vergänglichkeit der Zeit ist ein Thema, das viele Menschen beschäftigt. In einer Welt, die immer schneller zu werden scheint, in der wir ständig von den Anforderungen des Alltags abgelenkt sind, erkennen wir oft nicht, wie kostbar die gegenwärtigen Augenblicke sind. Kästners Worte dienen als Mahnung, die kleinen Wunder und Freuden des Lebens wertzuschätzen, bevor sie verblassen. Jeder Tag birgt Möglichkeiten und

Chancen, aber auch Herausforderungen, und oft neigen wir dazu, den gegenwärtigen Moment für selbstverständlich zu halten.

Deshalb gibt es für mich in meiner jetzigen Situation, nur eine Zukunft, die sich auf den nächsten Tag konzentriert. Alles andere ist für mich ein planbarer Weitblick.

Diese Fokussierung auf den nächsten Tag gibt mir Stabilität und hilft mir, mit den Herausforderungen des Lebens umzugehen. Ich setze mir kleine, erreichbare Ziele und versuche, im Moment präsent zu bleiben, anstatt mich in schwer fassbaren Gedanken über das, was kommen könnte, zu verlieren.

Die Aussage von Erich Kästner beeindruckte mich philosophisch wie auch psychologisch bis heute. Für mich ist sie ein Leitsatz, der mich immer im tiefsten Innern beschäftigt hat, weil er mich daran erinnert, dass das Leben nicht immer aus großen, plötzlichen

Veränderungen besteht, sondern aus den kleinen, oft übersehenen Augenblicken, die gemeinsam die Reise unseres Daseins prägen. Es sind diese kleinen Momente, in denen die Essenz des Lebens liegt – sei es ein freundliches Lächeln, ein tiefes Gespräch mit meiner geliebten Frau Eva oder das Gefühl der Zufriedenheit nach einem erfüllten Tag.

Ebenso lehrt mich dieser Leitsatz, achtsam zu sein und die Gegenwart aktiv zu gestalten. Ich bin bestrebt, bewusst Entscheidungen zu treffen, die meine Zukunft für den nächsten Tag beeinflussen. Diese Entscheidungen tragen nicht nur zu meiner persönlichen Entwicklung bei, sondern sie wirken sich auch auf mein Umfeld aus. Indem ich die Zeit, die mir gegeben ist, liebevoll nutze, schaffe ich ein Fundament für die kommenden Zeit, die mir noch bleibt.

Somit ist „Heute ist Morgen schon Gestern" mehr als nur eine Beobachtung der Zeit – es ist ein Appell an uns alle, im Hier und Jetzt zu leben, mit der Gewissheit, dass jeder Augenblick zählt und dass wir die Macht haben, das Morgen durch das Heute zu formen. Dies führt zu der Erkenntnis, dass es niemals zu spät ist, Neues zu lernen, Veränderungen vorzunehmen oder einfach nur dankbar zu sein für das, was bereits da ist.

*Die Hoffnung lässt uns
heute durchhalten,
um das Morgen zu
sehen.*

Unbekannt

Die Diagnose des Unsagbaren

Diese Diagnose war wie ein unerwarteter Sturm, der ohne Vorwarnung über mein Leben brach. Das Aneurysma in meinem Bauch, dieser geheimnisvolle Schatten in meinem Inneren, schien mit jeder Minute, die verging, bedrohlicher und allumfassender zu werden.

Es schlüpfte heimlich und leise in jeden Gedanken, jede Emotion, und stellte alles auf den Kopf. An diesem Tag drehten sich meine Gedanken spiralförmig, chaotisch und unkontrollierbar, als ich die Worte des Arztes vernahm – "nicht zu operieren." Ein Satz, der wie ein Hammerschlag in mein Herz drang und mich sogleich in ein Meer aus Fragen und Ängsten stürzte.

Ich kam nach Hause, und das vertraute Setting, das einst Sicherheit und Geborgenheit versprach, wirkte plötzlich weitaus weniger auf mich. Ich fühlte mich erschlagen von der Schwere der Realität. Ich setzte mich, den Kopf in die Hände gestützt, und ließ meinen Tränen freien Lauf. Ein unaufhaltsamer Strom aus Verzweiflung und Angst, der all die unerfüllten Träume, die ich schon immer hatte, und die Zukunft, die mich jetzt, wie ein gleißendes Licht mit sich riss.

Neben mir saß meine Frau, die die Stille der Traurigkeit mit ihrer warmen Präsenz füllte. Sie hielt meine Hand, als wüsste sie um die Dunkelheit, die in mir wütete, denn für sie war dieser Moment ebenfalls eine schmerzliche Erkenntnis. Wir weinten zusammen, zwei Seelen, die einander Halt gaben und angesichts der drohenden Gefahr nicht kapitulieren wollten. In mir tauchte die ungesagte Frage auf: „Soll das wirklich ein schnelles Ende für mich sein?"

In diesem Moment wurde mir klar, dass mein Liebling und ich einen Kampf gegen die Zeit aufnehmen mussten. Die tickende Zeitbombe in meinem Bauch ließ sich nicht ignorieren. Sie wuchs stetig, ein heimlicher Krieger, der mich immer wieder daran erinnerte, wie zerbrechlich das Leben sein kann und wie schnell alles vorbei sein kann. Die Worte, die mir die Gefäßchirurgen sagten, hallten in

meinem Kopf wider. „Eine gewisse Zeit...", murmelte ich leise, „aber was bedeutet das schon? Wie lange kann man wirklich leben, wenn jede Sekunde wie ein stummer Countdown tickt?"

Die Fragen überdeckten mich wie ein schwerer Nebel: Wie soll ich die verbleibende Zeit nutzen? Soll ich mich zurückziehen und in der Finsternis des Unbekannten versinken? Oder sollte ich kämpfen, während mein inneres Chaos die Kontrolle zu übernehmen drohte? Die Gedanken rasten und verschwammen, während ich versuchte, einen klaren Kopf zu bewahren. Was wird aus meiner geliebten Frau, wenn ich nicht mehr bin?

Die Vorstellung ließ mein Herz noch schwerer werden. Die gesichtslosen Ängste umhüllten mich und zogen mich tiefer in den Abgrund der Ungewissheit.

Doch tief in mir war auch ein Funke, ein leises Flüstern, das mir Mut zusprach. Vielleicht kann ich der Bedrohung etwas entgegensetzen. Vielleicht kann ich diese Zeit, die mir bleibt, mit Momenten füllen, die das Leben lebenswert machen?

Ein tiefes Durchatmen, eine Art der Entscheidung. Ich wollte kämpfen, nicht nur für mich, sondern auch für meine Frau, die mir mehr bedeutet als Worte je beschreiben können. Es war an der Zeit, so viel Freude und Liebe wie möglich in die verbleibende Zeit zu packen. Und obwohl die Unsicherheit omnipräsent war, wusste ich, dass ich die Macht habe, die Momente, die ich noch habe, wertzuschätzen.

Ich sah meinen Liebling an, ihr Blick voller Mitgefühl und Liebe. In diesem

Augenblick spürte ich eine Verbindung, die selbst die dunklen Gedanken über die Zukunft überwindet. Vielleicht war das, was vor mir lag, nicht nur eine tickende Zeitbombe, sondern auch ein Aufruf, die Schönheit des Lebens zu umarmen, die im Angesicht des Unbekannten blühte. Auch die Hoffnung, die für einen Augenblick all meine Ängste vergessen ließ. „Was willst du künftig machen?" fragte mich meine Frau nach einer Weile. Ich sagte nur:

„Die Zukunft ist für uns der nächste Tag"

*"Die Zukunft beginnt
immer jetzt,
in diesem Augenblick."*

Franz Kafka

Weg mit Zeitdieben und Energiefressern

Nach meinem Krankenhausaufenthalt, der mir so deutlich vor Augen geführt hat, wie zerbrechlich das Leben sein kann, habe ich eine innere Wandlung durchlebt. Es ist, als hätte sich ein Vorhang gelüftet, und ich sehe die Menschen um mich herum mit einer klareren, unerbittlicheren Perspektive. Mir wird bewusst, dass die Gespräche, die Begegnungen und selbst die flüchtigen Kontakte, die einst einen Platz in meinem Leben hatten, mir mehr Dinge nehmen, als sie mir geben. Ich ziehe mich zurück, fast wie in einen inneren Rückzugsraum, wo ich die lauten Stimmen der Zeitdiebe und Energiefresser von mir abschotte.

Es war eine simple, fast banale Analyse, die mir diese Erkenntnis brachte. Statt mir den Raum zu geben, um zu heilen und zu wachsen, verlangten einige dieser Menschen unaufhörlich nach meiner Aufmerksamkeit und saugten mir die Kraft aus den

Knochen. Ich erinnere mich an die Tage im Krankenhaus, als ich auf mein Handy starrte, während der monotonen Geräusche der Maschinen um mich herum, und darauf wartete, dass jemand, der mir wichtig war, mir ein Lebenszeichen sendete. Doch die Realität war hart: Von den vielen Bekannten, die ich über die Jahre ansammelte, besuchten mich nur wenige. Es war, als ob ich in einem Raum voller Gesichter gefangen war, doch niemand war wirklich an meiner Seite.

Von meinen ‚Freunden' kamen gerade einmal vier. Bei zwei von ihnen hatte ich das schmerzliche Gefühl, dass ihre Besuche eher aus einer Pflicht heraus geschahen, als aus echtem Mitgefühl oder dem Drang, an meiner Seite zu sein.

Es war, als ob sie kamen, um ein Häkchen auf ihrer „sozialen To-Do-Liste" zu setzen, statt mir wirklich zuzuhören oder sich zu fragen, wie es mir ging. Der Kummer, den ich in diesen Momenten fühlte, war nicht nur der Verlust an Nähe, sondern auch die Erkenntnis, dass viele, die ich als Freunde betrachtet hatte, in der Praxis nicht mehr als flüchtige Bekannte waren.

Es ist einfach, in solchen Momenten der Enttäuschung abzurutschen und das Verhalten meiner Freunde und Bekannten persönlich zu nehmen. Doch ich möchte niemandem Vorwürfe machen. Auch ich bin kein einfacher Mensch – verbunden, manchmal kompliziert, und oft in meinen eigenen Gedanken gefangen. Vielleicht war ich es, der sich durch eine Mauer aus Missverständnissen und Erwartungen von ihnen entfernt hat. Vielleicht, so denke ich oft, bin ich selbst einer von den Zeitdieben geworden, der es versäumt hat, echte Verbindungen zu pflegen.

Und dennoch spüre ich einen tiefen Drang, mein Umfeld auszusortieren. Mir ist klar geworden, dass meine

Gesundheit und meine Lebensqualität das Wichtigste sind. In diesem Prozess der Selbstreflexion erkenne ich, dass ich mich von den Menschen befreien möchte, die mich nicht tragen, während ich in mein neues Leben eintauche – eines, das ich aktiv gestalten möchte, mit Menschen an meiner Seite, die mir Licht und Energie spenden. Es ist ein schmerzhafter, aber notwendiger Schritt, der mir helfen soll, einen klaren Blick auf das Wesentliche zu gewinnen.

So ziehe ich mich zurück und stelle fest, dass es Momente der Einsamkeit gibt, in denen ich mich mehr nach echter Verbindung sehne als je zuvor. Doch ich weiß auch, dass mit dieser Einsamkeit die Möglichkeit kommen kann, neue, Beziehungen zu knüpfen, die meiner Seele guttun. Das ist der schmerzhafte, aber auch befreiende Weg, den ich einschlagen möchte.

Und da ist ja Gott sei Dank meine geliebte Frau Eva, das strahlende

Licht in meinem Leben, der ich vollkommen vertraue. Sie ist der Hafen, in den ich immer wieder zurückkehren kann, wenn die Stürme des Lebens toben. Mein Liebling, mein Fels in der Brandung, die einzige Person, auf die ich mich hundert Prozent verlassen kann, ohne jede Sekunde des Zweifels. In ihren Augen finde ich Frieden, in ihrem Lächeln Wärme. Wenn ich mit ihr spreche, verschwinden die Schatten und die Sorgen verlieren ihr Gewicht. Sie versteht mich, wie niemand sonst es könnte – sie sieht in meine Seele, kennt meine Gedanken und Ängste, ohne dass ich ein Wort darüber verlieren muss.

Es gibt in dieser Welt für mich Menschen, die ich gerne als „kommunikative Lichtblicke" bezeichne. Diese strahlenden Sterne, die in dunklen Nächten leuchten und die Wolken vertreiben. Sie sind es, die meine Gedanken erhellen und mein Herz mit Hoffnung erfüllen. Es sind keine „schade" oder „das tut mir leid"-Menschen, die in mir immer nur eine gedrückte Stimmung hervorrufen. Solche Worte ziehen einen in die Tiefe, lassen einen sinken wie ein Stein im Wasser.

Aber nicht so mit meiner Frau, und schon gar nicht mit diesen besonderen Lichtblicken, die in meinem Umfeld strahlen. Ihre Worte sind humorvoll, voller Lebensfreude und haben die Fähigkeit, selbst die trübsten Tage in ein leuchtendes Farbenmeer zu verwandeln. Ihre Energie zieht mich an, gibt mir Kraft, und lässt mich daran glauben, dass es auch in dunklen Zeiten immer einen Ausweg gibt.

Mit meinem Liebling an meiner Seite fühle ich mich unbesiegbar. Sie gibt mir den Mut, die Herausforderungen des Lebens anzugehen, und den Glauben, dass die Liebe die stärkste Kraft von allen ist. Ihre Unterstützung und ihr Verständnis sind mein größter

Schatz. Es gibt nichts, was wir nicht gemeinsam bewältigen können, denn mit ihr wird jeder Schritt leichter, jede Hürde kleiner.

Und genau das ist es, was das Leben lebenswert macht – die Gewissheit, dass ich nicht allein bin. In einer Welt, die manchmal so nah am Abgrund zu sein scheint, gibt es diese strahlenden Lichtblicke, und an der Spitze steht meine geliebte Frau Eva. Sie ist mein Partner, meine beste Freundin und mein größter Anker. Mit ihr an meiner Seite kann ich wahrhaftig in die Tiefe des Lebens eintauchen, ohne Angst vor dem, was kommen mag. Denn ich weiß: Wir sind gemeinsam stark, wie eine undurchdringbare Mauer.

Was bedeutet
für mich
„Der nächste
Tag"?

Die Aussage "Der nächste Tag" möchte ich gerne aus philosophischer als auch psychologischer Perspektive betrachten. Um diese Komplexität zu erfassen, ist es hilfreich, die unterschiedlichen Aspekte zu betrachten, die diese einfache Formulierung impliziert.

Der Begriff "Tag" steht symbolisch für den Lauf der Zeit, namentlich für einen Zyklus von Beginn (Morgen) bis Ende (Nacht). Philosophisch hinterfragt dieser Ausdruck die Natur der Zeit. Zeit betrachte ich jedoch nicht mehr linear im Sinne von Fortschritt und Veränderung. Der "nächste Tag" ist somit immer mit der Vorstellung von Vergänglichkeit verbunden. Jeder Tag, der für mich vergeht, bringt einen Schritt näher zum Ende.

"Der nächste Tag" ist auch ein Symbol für die ungewisse Zukunft.

Philosophische Debatten treten in den Vordergrund, wenn ich über den nächsten Tag nachdenke. Wird er von meinen Handlungen im heutigen Tag beeinflusst oder ist er ein festgelegter Weg, den ich nicht ändern kann?

Der nächste Tag kann von mir auch mit Hoffnung verbunden werden. Der nächste Tag kann die Möglichkeit positiver Perspektiven symbolisieren. Dies wirft Fragen über den Sinn des Lebens auf und wie ich durch den nächsten Tag zu diesem Sinn gelangen will.

Psychologisch gesehen, kann der nächste Tag in mir sowohl Erwartungen als auch Ängste wecken.

Die Erwartung des neuen Tages kann positive Gefühle hervorrufen, wie Vorfreude auf Ereignisse oder das Streben nach kurzfristigen Zielen. Andererseits kann die Vorstellung des nächsten Tages auch mit Angst vor dem Unbekannten, Stress oder Druck verbunden sein.

Die Struktur eines "nächsten Tages" hat auch eine starke psychologische Dimension. Routine gibt mir dabei ein Gefühl von Kontrolle und Sicherheit. Planungen, die ich für den nächsten Tag mache, verleiht meinem Leben eine Struktur und hilft mir dabei Unsicherheiten zu überwinden.

Der Gedanke an den nächsten Tag bietet auch Raum für Selbstreflexion, die ich bereits in meinem Buch „Mein Tod muss warten!" ausführlich beschrieben habe. Diese Fragen können zu mehr Selbstbewusstsein und einem besseren Verständnis der eigenen Motivationen und Werte führen. Psychologisch ist es wichtig, sich mit seinen Wünschen, Bedürfnissen und Zielen auseinanderzusetzen, um langfristige Zufriedenheit zu finden.

Zusammenfassend wird mir klar, dass "Der nächste Tag" eine Vielzahl von philosophischen und psychologischen Zusammenhängen beinhaltet.

Die Komplexität dieser Implikationen zeigt mir, wie tief verwurzelt Zeit, Veränderung und Identität in unserem menschlichen Dasein sind.

"Je mehr ein Mensch über
sich selbst nachdenkt,
desto mehr lernt er,
seine Schwächen
zu akzeptieren und
seine Stärken zu nutzen."

Friedrich Nietzsche

Was bedeutet
Zukunft für mich?

Hierüber will und muss ich intensiv nachdenken. Diese intensive Reflexion über die Zukunft ist keineswegs ein bloßer Gedanke, sondern ein tiefes Bedürfnis, dem ich nachgebe. Es ist ein Weg, um die Unsicherheiten und Herausforderungen, die vor mir liegen, zu begreifen und zu formen. In diesem Kontext nutze ich die inspirierenden Thesen des Zukunftsinstituts unter der Leitung von Matthias Horx und Harry Gatterer, deren Ansichten und Analysen mir als Lichtblicke in einer oft nebulösen Zukunftsdiskussion dienen. Ob in Frankfurt am Main oder Wien – die Ideen und Konzepte dieser Denker laden dazu ein, über den Tellerrand hinauszuschauen und die Möglichkeiten der Zukunft neu zu betrachten.

Eines ist mir klar: Die Zukunft ist kein starrer Entwurf, der in Stein gemeißelt ist, sondern ein dynamisches, wandelbares Konstrukt, das in meinem Kopf Gestalt annimmt.

Da ich mir bewusst bin, dass die Zukunft nicht all meine Herausforderungen beseitigen kann, ist es befreiend, einen Teil dieser Lasten abzulegen. Dies gibt mir die Kraft und den Raum, der Ungewissheit mit Offenheit und Staunen zu begegnen.

Wenn ich darüber nachdenke, wie ich die nahe Zukunft gestalten kann – die Zeit, die mir noch bleibt und die ich aktiv beeinflussen möchte – geschieht dies nicht einfach aus einer rationalen Überlegung heraus. Vielmehr entspringt es meinem Inneren.

Hier kommt die zentrale Frage ins Spiel: Was kann ich mir für mich und meine Frau überhaupt noch vorstellen? Diese Frage ist mehr als nur eine Überlegung; sie ist der Schlüssel zu meinem eigenen Bauplan der Zukunft für die nächsten Tage, Wochen und Monate.

Meine Vorstellungskraft wird zum Architekten meiner Gedanken.

Mit jeder Emotion zeichne ich die Konturen meiner noch Zukunft und bringe diese im Licht meiner gegenwärtigen

Erfahrungen in ein positives Denken. Es ist ein kreativer Prozess, bei dem ich die Fäden meiner Wünsche, Ängste und Hoffnungen miteinander verknüpfe. Und gerade inmitten all des Schreckens, den oft die Vorstellung einer ungewissen Zukunft mit sich bringt, offenbart sich für mich etwas Außergewöhnliches: Die Zukunft wird dort gemacht, wo ich bin – im Jetzt.

Das Jetzt ist der Ort, an dem ich entscheide, wie ich meine Zeit und meine Energie einsetzen will. Es ist der Augenblick, in dem ich die Macht habe, Veränderungen herbeizuführen, einen Schritt zu wagen, neue Wege zu erkunden und die kleinen Freuden des

Lebens zu schätzen.

So wird aus der Unsicherheit ein Raum der Möglichkeiten, in dem ich nicht nur meine Vorstellungen verwirklichen, sondern auch meiner Frau ein noch zufriedenes Dasein schenken will. Die Zukunft ist lebendig, und ich bin bereit, sie mit meiner Vorstellungskraft und meiner inneren Kraft zu gestalten.

Rollstuhl, Rollator
und Co.

Es ist wunderbar zu sehen, dass ich mir so bewusst überlege, welche technischen Hilfsmittel mir in Zukunft helfen können, ein erfülltes und aktives Leben zu führen. Viele Menschen erkennen die Bedeutung solcher Hilfsmittel oft erst, wenn sie selbst betroffen sind. Aber ich bin bereits auf einem guten Weg, indem ich die Vorzüge und Möglichkeiten, die mir zur Verfügung stehen, schätze, ausführlich mit meiner Frau bespreche und in mein Leben integriere.

Ein **Rollstuhl** kann mir in Momenten, in denen ich mehr Unterstützung benötige, eine hervorragende Lösung bieten. Es ist eine Freiheit, die Möglichkeit zu haben, mobil zu sein, auch wenn meine Muskulatur nicht immer so mitspielt, wie ich es mir wünsche. Wenn mein Liebling mich in diesem Rollstuhl rollt, ist das eine besonders schöne Erfahrung. Die gemeinsamen Ausflüge und Unternehmungen geben mir sowohl physisch als auch emotional ein Gefühl der Verbundenheit. Ich beobachte die Welt in einem anderen Licht, kann Neues erkunden und bleibe so auch sozial aktiv.

Natürlich gibt es auch einige Herausforderungen, die mit der Verwendung eines Rollstuhls einhergehen können. Die Befindlichkeit und ein Perspektivwechsel in manchen Situationen können manchmal herausfordernd sein, doch letztlich steht mein Wohl und meine Lebensqualität im Vordergrund. Mit der richtigen Einstellung und Unterstützung kann ich diese Herausforderungen meistern.

Der **Rollator** ist eine hervorragende Ergänzung für meine eigenaktive Bewegung. Es ist so wichtig, in Bewegung zu bleiben, denn jede Aktivität trägt zur Verbesserung meiner physischen und mentalen Gesundheit bei. Der Rollator bietet mir zusätzliche Unterstützung und Sicherheit, während ich mich selbstständig fortbewege. Die Fähigkeit, auch allein meinen Weg zu gehen, stärkt mein Selbstbewusstsein und gibt mir ein Gefühl von Unabhängigkeit. Der Kontakt mit der Umgebung und anderen Menschen wird weiterhin Teil meines Lebens sein und mir Freude bereiten.

Wenn ich meinen **Gehstock** verwende, zeigt das meinen ungebrochenen Willen zur Selbstständigkeit. Der Gehstock ist nicht nur ein Hilfsmittel, sondern auch ein Zeichen meiner Stärke und Mobilität. Ich setze ein positives Zeichen, dass ich aktiv am Leben teilnehme, egal, welche Schwierigkeiten mir begegnen. In den letzten zwölf Jahren habe ich bereits viel erreicht und mit meinem Gehstock kann ich zeigen, dass ich nicht aufhöre, die Dinge anzugehen, die mir wichtig sind.

Natürlich gibt es auch hier Herausforderungen; manchmal kann es ermüdend sein, die notwendigen Schritte zu unternehmen, aber die Integration von Bewegungs- und Trainingseinheiten gehört zum positiven Konzept, das ich mir für mein Leben entwerfen möchte.

Insgesamt ist meine Herangehensweise an die Nutzung dieser Hilfsmittel äußerst positiv. Sie bieten mir nicht nur die Möglichkeit, aktiv zu bleiben, sondern unterstützen auch meine Selbstbestimmung und mein Streben nach Lebensqualität. Indem ich die

Vorzüge der technischen Hilfsmittel anerkenne und sie in meinen Alltag integriere, zeige ich, dass ich trotz körperlicher Einschränkungen das Beste aus meiner Situation machen kann. Das ist eine inspirierende Einstellung, die nicht nur mir, sondern auch anderen Menschen, die ähnliche Wege gehen, Mut machen kann.

„Die Zauberer sagen,
der Tod ist der einzige würdige
Gegner, den wir haben.
Der Tod ist ein Herausforderer.
Um seine Herausforderung
anzunehmen, sind wir geboren
- ob Durchschnittsmensch
oder Zauberer.
Die Zauberer wissen davon;
die Durchschnittsmenschen
nicht."

Carlos Castaneda

Was bleibt mir
noch
an Zukunft?

Diese Frage nach der Zukunft für mich, der schwer krank ist, möchte ich sehr persönlich beantworten. In schwierigen gesundheitlichen Situationen gibt es für mich nach längerem Nachdenken positive Perspektiven.

Obwohl die Zeit wie ein kostbares Gut erscheint, das uns entgleitet, weiß ich, dass es entscheidend ist, die verbleibenden Augenblicke mit Liebe und Hingabe zu füllen. Die Liebe zu meiner Frau ist mein Antrieb; sie erleuchtet selbst die dunkelsten Tage und gibt mir die Stärke, die kleinen und großen Herausforderungen des Lebens anzugehen.

In dieser wertvollen Zeit möchte ich mich darauf konzentrieren, persönliche Angelegenheiten zu priorisieren, die mir am Herzen liegen. Es ist wichtig, die Bande zu meiner Familie und Freundschaft zu pflegen, die Kommunikation mit anderen nicht aus den Augen zu verlieren und die Freude an gemeinsamen Erlebnissen zu genießen. Jede kostbare Minute, die wir miteinander verbringen, sollte in vollen Zügen ausgeschöpft werden.

Darüber hinaus erhebe ich mein Bewusstsein, um meinem inneren Selbst mehr Kraft zu verleihen. Selbst wenn Krankheit mir Steine in den Weg legt, setze ich mir neue Ziele und lasse meinen realisierbaren Wünschen freien Lauf. Oft sind es gerade die kleinen, bedeutsamen Erlebnisse, die uns ermutigen. Sie erinnern uns daran, was im Leben wirklich zählt: die Liebe, die Hoffnung und die kleinen Wunder des Alltags, die uns umgeben.

Inmitten von Herausforderungen finden viele Menschen eine innere Stärke und die Möglichkeit zum persönlichen Wachstum. So habe ich beispielsweise begonnen, Bücher zu schreiben, in dem ich meine Gedanken und Erfahrungen festhalte. Diese Auseinandersetzung mit der eigenen Endlichkeit öffnet Türen zu einem tieferen Verständnis für Lebenswertes und Prioritäten, die zuvor vielleicht im Verborgenen geblieben sind.

Die Unterstützung meines Lieblings und einigen Menschen in meinem sozialen Umfeld ist eine wertvolle Quelle der Kraft für mich. Die Liebe meiner Frau und ihr Verständnis helfen mir, eine positive Perspektive zu bewahren, selbst wenn die Umstände für mich sehr herausfordernd sind.

Unsere Gespräche über meine inneren Ängste sind nicht nur entlastend, sondern auch unglaublich befreiend. Sie erinnern mich daran, dass ich nicht allein bin und dass das Teilen von Gedanken und Gefühlen oft der erste Schritt in Richtung zu einer möglichen Heilung sind.

Zudem gibt es auch in schwierigen Zeiten einen Funken Hoffnung. Die Medizin macht stetige Fortschritte, und innovative Therapien können das Leben nicht nur verlängern, sondern auch verbessern.

Diese Perspektive zu haben, kann einen enormen Unterschied machen und uns ermutigen, weiterzukämpfen.

Zusammenfassend bleibt zu sagen: Trotz der Schwere meiner Krankheit schöpfe ich Hoffnung – eine Hoffnung, die wie ein zartes Licht in der Dunkelheit strahlt. Inmitten der Herausforderungen lerne ich, die Gegenwart nicht nur zu akzeptieren, sondern sie in ihrer ganzen Fülle zu schätzen. Ich entdecke die kleinen Wunder des Alltags, die mich dazu anregen, mein Leben mit jeder Faser meines Seins zu gestalten, so gut ich es kann.

Jeder neue Tag entfaltet sich vor mir wie ein ungeschriebenes Kapitel, eine frische Leinwand, die darauf wartet, mit meinen Träumen und Erinnerungen gefüllt zu werden. Es ist eine Einladung, an mir zu arbeiten, zu wachsen und das Beste aus allem zu machen, was mir zuteilwurde – ja, sogar aus den Herausforderungen.

Mein „ICH"
in der
jetzigen Analyse

In der Stille meines Arbeitszimmers setze ich mich auf den Boden, umhüllt von der Dämmerung. Hier, in der Intimität dieses Raumes, beginne ich eine ehrliche Analyse meines ICH's. Wer bin ich heute wirklich? Was treibt mich noch an, und was schlummert noch tief in mir?

Die letzten Monate waren herausfordernd, voller Höhen und Tiefen. Ich spüre, dass sich etwas in mir verändert hat – eine leise Welle der Unsicherheit, gepaart mit dem unstillbaren Verlangen nach Klarheit.

Ich nehme mir die Zeit, um in die tiefen Gewässer meines Wesens einzutauchen. Ich erinnere mich an die Werte, die mich leiten: Integrität, Empathie, Liebe, Geborgenheit und die Suche nach Wahrheiten aus dem Erleben und Verhalten.

Doch wie stehen sie heute im Licht meiner aktuellen Realität? Ich stelle fest, dass ich in letzter Zeit oft von Zweifeln geplagt wurde. Die Stimme des Kritikers in mir ist verstärkt, flüstert mir zu, ich sei nicht genug. Dabei weiß ich, dass mein Wesen vielfältig ist — nicht nur in meinen Talenten, sondern auch in meinen Schwächen. Ich nehme sie an, gleichzeitig wache ich auf und erlaube mir, sie zu transformieren. Es ist ein schmerzhafter, aber notwendiger Prozess. Die Erkenntnis, dass ich verletzlich bin, öffnet den Raum für Wahrheit und Wachstum.

Ich überprüfe auch meine Lebensphilosophie. Glaube ich noch an die Prinzipien, die mich in die Höhen des Lebens getragen haben? In den letzten Monaten habe ich den Zusammenhang zwischen Handeln und Folgen stark gespürt.

Es überrascht mich, wie oft ich mich von äußeren Erwartungen leiten ließ, anstatt meiner inneren Stimme zu folgen. Das bedarf einer Neubewertung. Ist das Leben so, wie ich es mir vorstelle? Und was bedeutet es für mich, im Einklang mit meinen Werten zu leben?

Während meines Psychologie-Studiums hatten wir die Aufgabe eine Drei-Satz-Lebensphilosophie zu erarbeiten und diese drei Sätze zu kommentieren bzw. zu definieren. Und siehe da: meine in den 70er Jahren erarbeiteten Lebensphilosophie gilt ebenso für meine Zukunft der nächsten Tage. Nun interessiert meine Leser bestimmt Näheres hierzu.

Hier meine Lebensphilosophie, die ich meinem Studienoriginal entnommen habe und die aus drei Kernsätzen besteht. Den Impuls hierzu gaben mir der Kirchenlehrer Augustinus, Nina Winkler und mein damaliger Professor Reinhard Tausch. Natürlich auch meine Definitionen zu jedem dieser drei Kernsätze, die ich bis heute verinnerlicht habe und danach lebe.

DENKE, WAS GUT IST!
WISSE, WAS WAHR IST!
FÜHLE, WAS SCHÖN IST!

Meine Definition zu „DENKE, was gut ist":

„Denke" ist eine Aufforderung für mich zur aktiven kognitiven Auseinandersetzung. Diese appelliert an mich, meine Fähigkeit Menschen bewusst zu reflektieren und selektiv zu denken.

"was gut ist" ist für mich eine klare Vorgabe, die darauf abzielt, positive Gedanken hervorzubringen.

Diese positive Betrachtung beinhaltet für mich eine Art Selbstmotivation. Sich auf das Gute zu konzentrieren bedeutet, dass ich die Fähigkeit nutze, meine Gedanken, unabhängig von äußeren Umständen oder inneren Konflikten zu steuern.

Meine Definition zu „WISSE, was

wahr ist"

„Wisse" bedeutet für mich eine aktive Rolle im Prozess des Wissens. Es fordert zu einer bewussten Auseinandersetzung mit der Realität auf. Der Zusatz „was wahr ist" richtet den Fokus auf die Wichtigkeit von Wahrheit und Authentizität in meinem Denken und Handeln.

Insgesamt legt der Satz nahe, dass Wissen und Wahrheit zentrale Bestandteile meines Erlebens sind und dass es eine Aufforderung gibt, kritisch zu denken und die Realität aktiv zu erkunden.

Meine Definition zu „FÜHLE, was schön ist"

„Fühle" deutet darauf hin und fordert mich auf, aktiv emotionale Erfahrungen zu machen. Es ermutigt mich, ständig mich mit den eigenen Gefühlen auseinanderzusetzen und sie

bewusst wahrzunehmen. Diese fordern mich auf, meine Empfindungen ernst zu nehmen und die von mir gewünschten positiven Emotionen zuzulassen.

Der Fokus auf „was schön ist" legt nahe, dass Schönheit nicht nur ästhetisch, sondern auch emotional erlebt werden sollte. Dieses sorgt dafür, dass das Erleben von Schönheit eine Quelle für positive Emotionen und Wohlbefinden wird.

In der stillen Reflexion über das Wesen meiner Existenz habe ich die Kraft entdeckt, die in der Summe meiner Definitionen verborgen liegt. Diese Definitionen sind nicht bloße Worte, sie sind die Bausteine meiner Identität, die Erinnerungen an Herausforderungen und Triumphe, die mich geformt haben.

Jede einzelne Definition, die ich für mich selbst formuliert habe, ist ein Funke, der eine Flamme entfacht. Sie sind die Prinzipien, die meine Entscheidungen leiten, die mich dazu ermutigen, mutig zu handeln und mit

offenen Armen auf das Leben zuzuge-
hen.

Das Geheimnis dieser Kraft liegt in
der tiefen Verbindung zwischen meinen philosophischen Überzeugungen
und der Art und Weise, wie ich die
Welt um mich herum wahrnehme.

Diese Gedanken sind nicht nur
abstrakte Konzepte, sie sind lebendige
Fakten, die meine Emotionen durch-
dringen und mir helfen, die Herausforderungen des Lebens mit Zuversicht und Entschlossenheit zu begegnen. Sie sind meine Wegweiser, die
mir zeigen, dass jeder Rückschlag eine
Lektion ist und jede Freude ein
Grund, dankbar zu sein.

Psychologisch betrachtet, ist dieser
Prozess eine Reise zu mir selbst, eine
Entfaltung meiner innersten Wünsche
und Ziele. Es ist die Erkenntnis, dass
ich die Macht habe, mein eigenes
Narrativ zu gestalten, dass ich nicht
nur der Protagonist, sondern auch der
Autor meines Lebens bin. In den Mo-

menten der Unsicherheit finde ich Trost in meinen Definitionen, die mich daran erinnern, dass ich stark und fähig bin, dass ich die Fähigkeit habe, positive Veränderungen herbeizuführen.

Lebensorientiert betrachtet, ist es diese positive Ausrichtung, die mir die Kraft verleiht, nicht nur für mich selbst, sondern auch für andere da zu sein. Wenn ich meine Welt durch die Linse meiner Überzeugungen betrachte, wird sie zu einem Ort voller Möglichkeiten und Hoffnung. Die Liebe und das Mitgefühl, die ich in mir trage, fließen über und schaffen Verbindungen, die tief und bedeutungsvoll sind. Ich erkenne, dass mein Handeln nicht isoliert ist.

So ziehe ich aus der Summe meiner Definitionen die Kraft, danach zu handeln. Diese Kraft ist nicht nur ein flüchtiges Gefühl; sie ist eine konstante, pulsierende Energie, die mich antreibt, meine Wünsche zu verfolgen, meine Ängste zu überwinden und das Leben in seiner vollen Pracht zu umarmen. Sie ist der Herzschlag meiner Seele, der mich daran erinnert, dass ich nicht allein bin auf diesem Weg. Und während ich gemeinsam mit meiner Frau Eva weitergehe, fühle ich die unendliche Möglichkeit der Veränderung, die vor mir liegt – ein Geschenk, das ich mit Dankbarkeit annehme und mit Leidenschaft teile.

Unser Zusammenleben im WIR

Wenn wir am Ende
unseres gemeinsamen
Lebens stehen,
spielt das Haus,
das wir hatten,
die Autos, die wir fuhren
und die Dinge, die wir
besaßen, keine Rolle.

Was zählen wird:

Ich hatte dich und du
hattest mich!

Ich sitze oft an meinem Schreibtisch und schaue auf die letzten Jahre zurück. Es sind mehr als nur die vielen Tage, die wir zusammen verbracht haben. Es sind die Augenblicke, die unser gemeinsames Leben prägen — jede Träne, jedes Lachen, jede Umarmung, die wir uns geschenkt haben, und jede Hürde, die wir zusammen überwunden haben.

Unsere Geschichte begann wie ein zartes Pflänzchen, das wir beide mit Leidenschaft und Hingabe hegen und pflegen wollten. Erinnerst du dich an die ersten Wochen? Die Schmetterlinge im Bauch, das unbeschwerte Lachen, das ungehemmte Entdecken der kleinen Eigenheiten des anderen?

Es war, als würden wir in eine neue Welt eintauchen, voller Farben und Möglichkeiten. Doch mit der Zeit wurden wir konfrontiert mit der Realität des Lebens — der unaufhörlichen Routine, das Auf und Ab, den unerwarteten Herausforderungen, die

Ich blicke voller Dankbarkeit auf all das, was wir gemeinsam geschaffen haben. Es ist ermutigend zu wissen, dass wir uns aufeinander verlassen können, egal was das Leben für uns bereithält. Gemeinsam haben wir etwas Wundervolles aufgebaut – unser WIR – und ich bin fest entschlossen, es weiterhin mit Liebe, Respekt und Hingabe zu pflegen. Unsere Geschichte ist noch lange nicht zu Ende. Es ist erst der Anfang eines neuen Kapitels.

"Liebe besteht nicht darin,
dass man einander ansieht,
sondern dass man
gemeinsam
in die gleiche Richtung blickt."

Antoine de Saint-Exupéry

Was sagt
der Buddhismus zu
meiner noch Zukunft?

uns manchmal wie ein Sturm auseinanderzureißen drohten.

Es gab Tage, an denen uns die Worte fehlten. Tage, an denen wir beide in unseren eigenen Gedanken versunken waren, gefangen in unseren individuellen Kämpfen. Doch selbst in diesen dunklen Momenten habe ich stets gespürt, dass unser WIR stark ist. Unsere Liebe hat uns immer wieder zusammengeführt, uns gelehrt, dass das Verständnis füreinander und die Bereitschaft, an uns zu arbeiten, die Essenz einer tiefen Verbindung sind.

Und dann sind da die kleinen, kostbaren Augenblicke – das Lächeln, das du mir schenkst, auch wenn du denkst, ich würde es nicht sehen; die Art, wie du mich in den Arm nimmst und alles andere fügt sich ein für einen kurzen, perfekten Moment. All diese Augenblicke summieren sich zu einer Sammlung von Erinnerungen, die wie ein Schatz in meinem Herzen ruhen.

Ja, es gab schwierige Zeiten – Momente des Zweifels, der Unsicherheit, in denen wir uns fragten, ob wir den richtigen Weg einschlagen. Doch jedes Mal, wenn wir gefallen sind, sind wir stärker wieder aufgestanden. Wir haben uns gegenseitig an die Hand genommen, und immer wieder festgestellt, dass unser WIR kein leeres Versprechen ist, sondern ein leuchtender Pfad, den wir nun bereits 43 Jahre gemeinsam beschreiten.

Wenn ich jetzt so auf unsere gemeinsame Reisedurch unser Leben schaue, wird mir klar, dass es nicht nur um die großen Ereignisse geht, sondern um die alltäglichen, scheinbar unscheinbaren Augenblicke, die uns vereinen. Das gemeinsame Kochen, die nächtlichen Gespräche bei einer Tasse Tee und Kaffee, die stillen Momente, in denen wir einfach nur nebeneinandersitzen und die Stille genießen. Diese kleinen Dinge machen unser WIR so besonders und einzigartig.

Seit vielen Jahren bin ich dem Buddhismus verbunden, in dem es keine einheitliche Lehre über die Zukunft gibt, da die Lehren je nach Tradition und Interpretation variieren können. Einige grundlegende Aspekte, die im Zusammenhang mit der Zukunft im Buddhismus relevant sind, sind:

Eine der zentralen Lehren des Buddhismus ist die Erkenntnis, dass alles vergänglich ist. Dies bedeutet, dass sich die Zukunft ständig verändert und dass nichts von Dauer ist. Diese Sichtweise ermutigt mich das Hier und Jetzt zu schätzen und sich nicht allein auf zukünftige Ereignisse zu fixieren.

Im Buddhismus wird der Gedanke des Karmas (Handlungen und deren Konsequenzen) als zentral angesehen. **Die Zukunft wird durch die Handlungen in der Gegenwart beeinflusst.**

Positive und negative Handlungen haben Auswirkungen auf zukünftige Erfahrungen und Lebensumstände.

Der Buddhismus lehrt, dass Leiden ein Teil des menschlichen Daseins ist. Durch das Verständnis der Ursachen des Leidens und die Praxis des Tuns lerne ich, besser mit Herausforderungen in meiner Noch-Zukunft maßvoll und gelassen umzugehen.

Achtsamkeit spielt eine wichtige Rolle im Buddhismus. Indem ich mich auf den gegenwärtigen Moment konzentriere, kann ich besser mit zukünftigen Herausforderungen umgehen, ohne sich von Sorgen über das, was kommen könnte, überwältigen zu lassen.

Insgesamt legt der Buddhismus nahe, dass die Art und Weise, wie ich im gegenwärtigen Moment Handel, entscheidend für meine zukünftigen Erfahrungen ist.

Die Entkräftung psychischer und physischer Belastungen.

Mit einer schweren Krankheit wie meiner treten automatisch psychische Belastungen auf – eine Wahrheit, die viele von uns betrifft. Doch in jeder Unsicherheit und Angst liegt auch die Chance, gestärkt aus dieser Herausforderung hervorzugehen. Hier sind einige Gedanken und mögliche Strategien, die meiner Frau und mir helfen können, diesem emotionalen Sturm mit Zuversicht zu begegnen.

Die Angst vor der zukünftigen Entwicklung meiner Krankheit kann überwältigend sein. Ich frage mich: Was wird aus mir? Wie wird sich mein Leben verändern? Auch die Unsicherheit über die Behandlungsoptionen und deren Folgen kann einen kaum zur Ruhe kommen lassen. All dies miterleben zu müssen, bedeutet auch, den Verlust von Gesundheit, Aktivität und Lebensqualität zu spüren – ein Abschied von dem, was einmal war.

Diese Trauer betrifft nicht nur mich, sondern auch meine geliebte Frau, die an meiner Seite steht.

Die Gewichtung dieser Emotionen wird nicht leichter, wenn die Zeit zwischen medizinischen Terminen, Behandlungen und der Organisation des Alltags gefüllt ist mit einem psychischen Druck, der nicht ignoriert werden darf. Doch in dieser Herausforderung liegt auch die wunderbare Möglichkeit mit einer noch tieferen Verbindung zu meiner Frau gemeinsam zu wachsen.

Um Spannungen und Missverständnissen vorzubeugen, werde ich jetzt aktiv. Ich nehme mir vor, offen über meine Ängste, Sorgen und Gefühle mit meinem Liebling zu sprechen. Ich weiß, dass dieses Teilen uns näher zusammenbringt und Missverständnisse bereits im Keim erstickt. Dieser Austausch wird uns helfen, besser zu verstehen, was auf uns zukommt – und das Wissen darüber wird viele Ängste mindern.

Ich bin bereit, meine Frau um Unterstützung zu bitten. Gemeinsam werden wir die emotionalen Herausforderungen angehen. Denn wir müssen nicht allein kämpfen. Umso mehr freue ich mich darauf, ab morgen die kleinen Freuden des Lebens wieder aufleben zu lassen: Sei es bei einem unbeschwerten Spaziergang, einem fröhlichen Spieleabend oder einer aufregenden Städtereise. Diese gemeinsamen Erlebnisse werden uns stärken und unserem Alltag mit Lebensfreude und mehr Lebensqualität bereichern.

Ja, die Herausforderungen sind gewaltig, doch es gibt immer Wege, um uns diesen zu stellen. Es ist von entscheidender Bedeutung, dass ich nicht nur auf mich, sondern auch auf unsere Liebe und Partnerschaft achte. Wir dürfen auch unsere eigenen Bedürfnisse nicht aus den Augen verlieren, denn nur so werden wir beide in dieser Zeit nicht im Schatten stehen, sondern blühen.

Warum ist
positives Denken
so wichtig?

Positive Gedanken können in meinen Lebensbereichen eine entscheidende Rolle spielen, insbesondere in schwierigen Zeiten wie bei meiner schweren Krankheit. Ich nenne dir einige wichtige Gründe, warum positives Denken so wichtig ist und helfen kann:

Eine positive Einstellung kann das Immunsystem stärken. Wenn ich dabei optimistisch bin, produziert mein Körper weniger Stresshormone, die nachweislich das Immunsystem schwächen. Positive Gedanken können dazu beitragen, die Abwehrkräfte zu erhalten und die Genesung zu fördern.

Meine Krankheit bringt psychische Belastungen mit sich, wie bereits in diesem Buch beschrieben. Positives Denken fördert die Resilienz, also meine Fähigkeit, mit Herausforderungen umzugehen und mich von Rückschlägen zu erholen. Mit meiner optimistischen Grundhaltung bin ich oft besser in der Lage, Strategien zu entwickeln, um mit meiner Situation umzugehen, was zu einer besseren Lebensqualität führt.

Selbst in schwierigen Zeiten wird positives Denken meine Lebensqualität signifikant beeinflussen. Indem ich mich auf das konzentriere, was noch möglich ist, anstatt auf das, was verloren gegangen ist, kann ich mehr Freude finden. Das fördert nicht nur mein allgemeines Wohlbefinden, sondern erleichtert mir den Umgang mit den physischen Symptomen meiner Krankheit.

Eine positive Einstellung kann auch meine sozialen Beziehungen stärken. Menschen, die optimistisch sind, ziehen oft andere an und schaffen ein unterstützendes Umfeld. Dies kann durch Gespräche und den Austausch von Erfahrungen geschehen.

Positives Denken motiviert mich, aktiver am Heilungsprozess teilzunehmen.

Ich bin eher bereit, gesunde Entscheidungen zu treffen, sei es durch Ernährung, Bewegung oder das Einhalten von medizinischen Ratschlägen. Diese aktive Rolle unterstützt nicht nur den Heilungsprozess, sondern gibt mir auch das Gefühl von Kontrolle und Selbstwirksamkeit.

Die Technik der Visualisierung ist eine kraftvolle Methode, die ich gerne in meinem positiven Denken verwende. Ich stelle mir positive Ergebnisse vor und kann mein Unterbewusstsein beeinflussen und die eigene Realität formen. Diese Technik hilft Ängste abzubauen und die Vorstellung von einer positiven Zukunft zu stärken.

Ein positiver Umgang mit Krankheit kann auch für andere inspirierend sein. Dadurch, dass ich optimistisch bleibe, bin ich oft ein Lichtblick für meine Frau, Freunde und Bekannte, die mich auf meinem Weg begleiten.

Für mich hat das positive Denken auch eine spirituelle Dimension.

Ich meditiere mehrmals pro Woche mit meinem Buddha, der in unserem Wohnzimmer einen festen Platz einnimmt. Mein Glaube hat eine tiefere Bedeutung im Sein und Sinn meines Lebens. Diese spirituelle Kraft spendet mir ebenfalls Trost und Kraft mein Leben intensiver wahrzunehmen.

Positives Denken ist mehr für mich als nur eine optimistische Einstellung. Es ist eine lebendige Kraft, die mein Leben auch in Zukunft transformieren kann, selbst in Zeiten meiner Krankheit.

Positives Denken fördert Heilung, stärkt meine Beziehungen zu meiner von mir geliebten Frau Eva und gibt mir viel Hoffnung. Jeder Mensch, so auch ich, hat die Fähigkeit, Gedanken und Einstellungen zu verändern. Und in dieser Veränderung liegt eine immense kraftvolle Energie.

Ich nutze diese Energie, um durch schwere Zeiten zu navigieren. Ich umgebe mich mit positiven Einflüssen, setze mir kleine Ziele und feiere jeden Fortschritt. Egal, wie herausfordernd die Situation auch sein mag, es gibt immer einen Lichtblick – und oft beginnt dieses Licht in den Gedanken und im Herzen.

Gib niemals auf, denn in Jedem steckt die Kraft, mehr zu erreichen, als du dir derzeit vorstellen kannst!

*„Die wahre Lebenskunst
besteht darin,
im Alltäglichen
das Wunderbare zu sehen."*

Pearl S. Buck

Meine Zukunft
im Erlebnispark
des Lebens

An dieser Stelle präsentiere ich die bunten Facetten meiner Aktivitäten und Erlebnisse, die meinen Alltag mit Lebensfreude erfüllen. Diese Momente sind für mich von unschätzbarem Wert, und ich möchte sie gerne mit Ihnen teilen. Es handelt sich um nahezu banale Vorschläge und Ideen, die ich aus meiner Perspektive als Mensch mit Behinderung zum Schluss meines Buches schildern möchte.

Ich möchte auch betonen, wie wichtig die Unterstützung und der Kontakt zu anderen sind. Oft ist es ein Treffen mit Bekannten oder die Teilnahme an einer Veranstaltung – die Gespräche und das Lachen im Austausch mit anderen Menschen geben mir Kraft und ein Gefühl der Zugehörigkeit. Es sind oft die kleinen Dinge, die unser Leben bereichern.

Im Erlebnispark meines Lebens, einem Ort voller Farben, Lachen und unvergesslicher Momente, hat absolute Barrierefreiheit für mich eine ganz besondere Bedeutung. Wenn ich den stufenlosen Eingang des Restaurants betrete, fühle ich eine Welle der Erleichterung und Freude in mir aufsteigen. Dieses Restaurant scheint mir zuzurufen: „Hier bist du willkommen, hier gibt es keinen Platz für Einschränkungen."

Wenn ich den ersten Schritt über die Schwelle setze, spüre ich eine wohltuende Freiheit. Es ist, als würde ich nicht nur einen Raum betreten, sondern auch eine neue Dimension des Erlebens. Ich kann mich ganz auf das konzentrieren, was wirklich zählt: die Freude, in Gesellschaft von meiner Frau und Bekannten zu sein.

Drinnen finde ich mich in einem Raum wieder, der durchdacht und einladend gestaltet ist. Der Weg zur Toilette ist frei von Treppen und Stolpersteinen, und ich schätze diese durchdachte Gestaltung mehr, als Worte es ausdrücken können. Es ist nicht nur eine praktische Erleichterung, sondern ein Zeichen des Respekts gegenüber jedem Einzelnen von uns, unabhängig von unseren individuellen Herausforderungen. Hier ist es, wo meine Bedürfnisse gehört und wertgeschätzt werden.

In diesem Erlebnispark ist die Barrierefreiheit nicht nur ein Konzept, sondern eine fühlbare Realität, die mir das Gefühl von Zugehörigkeit gibt. Hier kann ich mich frei entfalten, und die Sicherheit spüren, dass ich überall Zutritt habe.

Ich erlebe eine Welt, die für alle offen ist, eine Welt, in der jeder Menschen zugänglich ist und echtes Mitgefühl herrscht. Und während ich jeden Schritt gehe, den ich gehe, lebe ich nicht nur meinen Tag im Erlebnispark meines Lebens, sondern ich fühle mich auch als Teil einer größeren, empathischen Gemeinschaft. Es ist diese emotionale Verknüpfung, die mich jeden Moment noch intensiver erleben lässt, und ich bin dankbar für die Barrierefreiheit, die mir diese Erfahrung ermöglicht.

All diese Gedanken und Erfahrungen möchte ich mit Ihnen teilen, in der Hoffnung, dass sie auch Ihnen Inspiration bieten und Ihnen vielleicht neue Perspektiven eröffnen. Viel Spaß dabei.

Wir meinen,
das Märchen und das Spiel
gehöre zur Kindheit:
Wir Kurzsichtigen!
Als ob wir in irgendeinem
Lebensalter ohne Märchen
und Spiel leben möchten!

Friedrich Nietzsche

„Du musst immer
in Bewegung
bleiben"

flüstert mein Herz, während ich neben meiner Frau stehe, die mir mit ihrem Lächeln den Mut gibt, mich auf diesen neuen Tag einzulassen. An diesem frischen, klaren Morgen strahlt die Sonne durch das Blätterdach des Volksparks. Meine Frau schnürt mir meine bequemen Schuhe und ich werfe einen Blick in den Spiegel. „Heute ist ein neuer Tag", sage ich mir und mache mich mit meiner Frau auf den Weg, jeder Schritt ein kleines Versprechen an mich selbst, auf mein Wohlbefinden zu achten.

Der Volkspark empfängt mich wie ein alter Freund. Kaum habe ich den Eingang betreten, umfängt mich der berauschende Duft der blühenden Pflanzen. Vögel zieren das Blätterdach und zwitschern Lieder. „Atme ein, lass los, nimm dir Zeit," so mein Liebling. Und ich beginne langsam zu schlendern, während die Anspannung des Alltags wie ein Schatten von mir abfällt. Schade, dass ich das früher so selten gemacht habe.

Schritt für Schritt erinnere ich mich an all die gemeinsamen Abenteuer, die ich in der Vergangenheit erlebt habe.

An einen besonderen Nachmittag am Hamburger Jungfernstieg, als wir am Ufer der Binnenalster entlang geschlendert sind. Ich sehe die bunten Segelboote vor meinem inneren Auge, höre das Lachen, das über das Wasser hallt – ein klingendes Echo der Freude, das mich zurück in die Gegenwart zieht. Ich spüre das Band, das mich mit diesen Erinnerungen verbindet, sie wärmen mein Herz und geben mir Kraft.

Plötzlich tauchen die lebendigen Schaufenster des Ku'damms in meinem Geist auf. Ich erinnere mich an die bunten Auslagen, die mich verzaubert und zum Träumen angeregt haben. Die Schaufenster flüstern mir zu: „Nimm mich mit, erlebe etwas Großartiges!" Dieses Schlendern durch die

Stadt ist wie das Eintauchen in eine andere Welt, in der Individualität und Kreativität lebendig werden.

Ich erinnere mich an die ruhigen Pfade im Pfälzer Wald, die wie ein vertrauter Rückzugsort in mein Gedächtnis geraten. Die majestätischen Bäume schienen mir zuzuwinken, als ob sie mir sagten, dass alles gut werden würde.

Doch an diesem Morgen im Volkspark fehlen mir die hektischen Gedanken des Alltags. Stattdessen atme ich tief ein und lasse die frische Luft meine

Lungen füllen, sie ist voller Möglichkeiten – ein einfaches, kostbares
Geschenk. Das Spazierengehen
verwandelt sich in eine Art Meditati-
on, die mir erlaubt, in meinem
eigenen Rhythmus zu leben. Mir wird
klar, dass all diese kleinen Ausflüge
keine flüchtigen Momente sind,
sondern tief in mir gewollte Erfahrungen, die mein Wohlbefinden fördern.

Nach einer Weile entdecken mein
Liebling und ich eine Bank. Wir setzen
uns, während mein Blick über die
Wiese gleitet. In diesem friedlichen
Moment erlebe ich Dankbarkeit.
Dankbar für die Möglichkeit, einfach
zu sein, zu beobachten und das Leben
in seiner vollen Pracht genießen zu
können. Diese Spaziergänge sind
mehr als nur Bewegung, sie sind
Momente der Reflexion, der Stille und
der Freude.

Als wir schließlich aufstehen, um
unseren Weg fortzusetzen, weiß ich,
dass ich, egal wo ich bin – sei es in

Hamburg, Berlin oder im Pfälzer Wald – immer zu diesen Momenten zurückkehren kann. Mit neuer Energie setze ich meinen Weg fort, meine Augen leuchten vor Vorfreude und Neugier. Denn an diesem Morgen habe ich etwas Wichtiges verstanden: Manchmal ist es genau das, was wir brauchen, um den Alltag hinter uns zu lassen – ein einfacher Spaziergang, der uns mit uns selbst verbindet und uns die kostbare Schönheit des Lebens offenbart.

„Das Leben ist
wie Fahrrad fahren,
um die Balance zu halten,
musst du
in Bewegung bleiben."

Albert Einstein

„**Lass'** uns doch
wieder einmal
spielen",

bittet meine Frau mit einem strahlenden Lächeln, das ihre Augen zum
Funkeln bringt. In diesem Moment
verspüre ich Vorfreude. Ja, wir spielen oft. Unsere Abende sind häufig
von den Klängen der Spielkarten, dem
leisen Schubsen der Figuren und dem
glücklichen Lachen erfüllt. Besonders
Canasta und Skat gehören zu unseren
Favoriten. Doch wir genießen es auch,

mit unseren Bekannten zusammenzu-
sitzen, die bunten Spielpläne ausei-
nanderzufalten und in geselliger Run-
de zu lachen und zu plaudern.

Ich erinnere mich an die vielen Nächte, in denen wir uns um den Tisch versammeln, der mit Snacks und Geträn-
ken gedeckt ist. Die Karten liegen
bereit, und die Atmosphäre ist durchzogen von einer Mischung aus Spannung und Vorfreude. Oft darf ich mich
darüber ärgern, dass mein Liebling
gefühlt bei jedem Spiel gewinnt, sei es
bei Mühle oder Dame. Es ist fast
schon ein wiederkehrendes Spiel, wie
sie geschickte Züge ausführt und mir
mit einem charmanten Lächeln den
Sieg entreißt. Doch auch wenn ein
kleiner Stich der Eifersucht mich
überkommt, überwiegt das Glück, das
diese gemeinsamen Stunden mit sich
bringen.

Die Erinnerungen an unsere Skatrun-
den mit Gisela und Gerd sind lebendig
wie der Klang der Karten, die über

den Tisch gleiten. In unserem Stamm-hotel, haben wir das Glück, einmal pro Woche in einem besonderen Spielzimmer zusammenzukommen.

Der Raum ist erfüllt von einer fröhli-chen Aufregung, die in der Luft hängt, während wir uns um den Tisch versammeln. Gisela mit ihrem scharf-en Verstand und Gerd, der mit seinen schalkhaften Kommentaren oft die Stimmung auflockert – es ist ein wah-res Vergnügen, die Strategien und Taktiken auszutauschen, die beim Skat so entscheidend sind. Das Lachen, die kleinen Sticheleien und die spannungsgeladenen Momente, wenn die Karten aufgedeckt werden, bleiben unvergesslich.

Doch das ist nicht alles. Mit Heike und Karlo haben wir die aufregende Welt des Börsenspiels entdeckt. Es ist ein Spiel, das uns nicht nur stundenlang fesselt, sondern auch unsere Nerven strapaziert. Die Grafiken auf dem Tisch, die ständigen Schwankungen der Aktienkurse und die strategischen Entscheidungen, die wir treffen müssen, fordern uns heraus und lassen das Adrenalin durch unsere Adern pumpen. Gemeinsam fiebern wir mit jeder Entscheidung mit, ob wir unser Geld klug investieren oder in die Falle der Spekulation tappen. Es sind diese intensiven Spielabende, die uns noch enger zusammenschweißen, während wir uns gegenseitig anfeuern und mitfühlen.

Und dann sind da noch Helga und Jürgen, mit denen wir die Würfel rollen lassen und bei Kniffel die Nacht zum Tag machen. Es gibt etwas Magisches an diesem Spiel, das uns immer wieder zusammenführt. Die Spannung, wenn jeder von uns die Würfel wirft und die Hoffnung auf die perfekte Kombination hegt, ist einfach unbeschreiblich. Wir lachen über unsere misslungenen Versuche und feiern die Momente des Glücks, wenn wir endlich unsere Kniffel-Würfel perfekt platziert haben. Helga bringt mit ihrem Humor eine Leichtigkeit ins Spiel, während Jürgen mit seiner Denkweise oft den entscheidenden Vorteil hat. Es sind diese Abende voller Freude, die uns nicht nur als Freunde, sondern auch als Familie zusammenschweißen.

Jede dieser Spielrunden ist nicht nur ein Zeitvertreib, sondern eine Reise voller Emotionen, Strategien und unvergesslicher Augenblicke. Es sind die kleinen Dinge – das Lachen, die Gespräche, die gemeinsamen Siege und Niederlagen – die unsere Freundschaften stärken und die Erinnerungen an diese besonderen Abende für immer in unseren Herzen verankern.

Denn in all diesen Momenten des Spielens wird mir bewusst, wie wichtig Spielen für uns beide ist. Es ist nicht nur eine Möglichkeit, den Alltag hinter uns zu lassen; es ist eine Art, unsere Verbindung zu festigen. Die kleinen Komplikationen und die heftigen Momente des ärgerlichen Schicksals wandeln sich in herzhaftes Lachen und liebevolle Sticheleien. Jedes Spiel, das wir spielen, macht unser Leben reicher, tiefer und intensiver. Und wenn wir nachts nach einem lustigen Abend die Karten wieder einpacken, fühle ich eine tiefe Dankbarkeit dafür, dass wir einander in diesen kleinen, kostbaren Ritualen so nahe sind.

Spannende Städtereisen und Kurzausflüge

Es gibt nichts Schöneres, als gemeinsam mit Menschen, die uns am Herzen liegen, neue Abenteuer zu erleben und unvergessliche Erinnerungen zu schaffen. Eine spannende Städtereise ist wie ein unbeschriebenes Blatt Papier, das darauf wartet, mit Erlebnissen, Emotionen und Geschichten gefüllt zu werden. Bei jedem neuen Ziel, das wir erkunden, öffnen wir nicht nur die Türen zu faszinierenden Orten, sondern auch die Türen zu unseren Herzen und zu den unvergesslichen Momenten, die wir zusammen teilen.

Ich erinnere mich noch lebhaft an unseren Ausflug nach Hamburg – einer Stadt, die wie ein funkelndes Juwel an der Elbe liegt. Die pulsierende Atmosphäre, die Mischung aus historischem Flair und modernem Leben, hat uns sofort in ihren Bann gezogen. Besonders der Abend im Steakhouse am Jungfernstieg ist mir in bester Erinnerung geblieben. Der

Blick auf die glitzernden Lichter der Stadt, während wir mit einem köstlichen Steak in der Hand anstoßen, ist ein Moment, der in unser Gedächtnis eingebrannt ist. Es war nicht nur das Essen, das uns zusammengebracht hat, sondern auch die Gespräche, das Lachen und die tiefe Verbundenheit, die wir an diesem besonderen Ort miteinander geteilt haben.

Hamburg ist wahrlich eine Stadt der Kontraste – von den historischen Speicherstadt über den modernen

Hafen bis hin zu den bunten Straßen von St. Pauli. Jede Ecke birgt eine neue Geschichte, und wir haben uns in den Straßen verloren, während wir Hand in Hand die Stadt erkundeten. Jeder Schritt hat uns näher zusammengebracht, und die gemeinsamen Entdeckungen haben uns ein Gefühl von Freiheit und Abenteuer vermittelt.

Und dann gibt es da noch Berlin – eine Stadt, die mit ihrer Vielfalt und ihrem unermüdlichen Puls nie aufhört, uns zu überraschen. Mindestens zweimal im Jahr zieht es uns in die deutsche Hauptstadt, wo wir in die Kultur eintauchen, die aufregende Kunstszene genießen und die unzähligen kulinarischen Köstlichkeiten probieren. Berlin ist ein Ort, an dem jeder Tag ein neues Kapitel in unserem gemeinsamen Reisebuch aufschlägt. Die aufregenden Nächte, die wir mit Freunden verbringen, die inspirierenden Museen und die lebhafte Straßenkunst – all das macht unsere Reisen dorthin unvergesslich.

Mindestens zweimal im Jahr zieht es uns nach Frankfurt, der pulsierenden Metropole, die nicht nur als Sitz des größten deutschen Flughafens bekannt ist, sondern auch als ein Ort voller Erinnerungen und Geschichten. Hier haben wir uns 1981 kennengelernt – ein Zufall, der unser Leben für immer verändern sollte. Jedes Mal, wenn wir durch die Straßen schlendern, wird die Luft von einem Hauch Nostalgie erfüllt. Es ist, als ob die Stadt selbst uns in ihre Arme schließt und uns an die unvergesslichen Momente erinnert, die wir hier geteilt haben. Die neue Altstadt, mit ihrem faszinierenden Zusammenspiel aus traditioneller Architektur und modernem Flair, begeistert uns immer wieder aufs Neue. Die engen Gassen, gesäumt von charmanten Fachwerkhäusern, laden dazu ein, entdeckt zu werden.

Am besten mit einem Velo-Taxi, das durch alle noch so enge Gassen fahren kann.

Hier finden wir gemütliche Cafés und lebendige Plätze, an denen das Leben pulsiert. Wir genießen jeden Augenblick, sei es beim Verweilen auf einer der vielen Bänke oder beim Staunen über die Kunstwerke, die in den Museen am Mainufer zur Schau gestellt werden. Das Wasser des Mains glitzert in der Sonne und spiegelt die Farben der Stadt wider – ein Bild, das sich in unser Gedächtnis eingebrannt hat.

Doch nicht nur Frankfurt hat einen besonderen Platz in unseren Herzen. Auch Köln, mit seiner rheinischen Mentalität, zieht uns in seinen Bann. Hier spürt man die Herzlichkeit der Menschen, die uns mit offenen Armen empfangen. Die Stadt hat eine unbeschwerte, lebensfrohe Ausstrahlung, die uns immer wieder zum Lachen bringt. Es ist, als ob die Rheinländer uns ein Stück ihrer Lebensfreude schenken, während wir durch die belebten Straßen schlendern.

Von der Kirchturmplattform des majestätischen Kölner Doms aus konnten wir bereits auf die Stadt hinunterblicken. Diese Erfahrung war überwältigend – die schiere Größe des Doms, der stolz über der Stadt thront, und der Blick über die Dächer, die sich wie ein buntes Mosaik aus Geschichte und Moderne vor uns entfalten. An klaren Tagen scheint die Stadt unendlich und voller Möglichkeiten. Wir halten inne, um den Moment zu genießen, und die

Erinnerungen an unsere gemeinsamen Abenteuer in Köln werden lebendig.

Jeder Besuch in Frankfurt und Köln ist für uns eine Reise, die nicht nur die Geografie, sondern auch unsere Herzen verbindet. Es sind die Geschichten, die wir in diesen Städten erlebt haben, die uns immer wieder zurückziehen – die Melancholie der Vergangenheit und die Freude des Augenblicks, die uns in den Bann zieht.

Oft denken wir an unsere jährlichen Besuche bei Anke und Jochen in Ostfriesland. Diese Reisen sind etwas ganz Besonderes. Wenn wir in die frische Nordseeluft eintauchen und den salzigen Wind in unseren Haaren spüren, fühlen wir uns lebendig. Wir schlendern an den endlosen Stränden entlang, und lassen uns von der Ruhe und Schönheit der Natur verzaubern. Die Gespräche am Sonnenwendfeuer, das Lachen über alte Geschichten und

die Momente des stillen Genießens –
all das verbindet uns auf eine Weise,
die mit Worten kaum zu beschreiben
ist.

Jede Reise, sei es nach Hamburg,
Berlin, Frankfurt, Köln oder Ostfriesland, ist ein Kapitel in unserem
gemeinsamen Buch des Lebens. Es
sind die kleinen, alltäglichen Momente, die uns prägen, die uns zum
Lachen bringen und uns zeigen, wie
wertvoll unsere Zeit miteinander ist.
Diese Erinnerungen sind die Schätze,
die wir in unseren Herzen tragen, und
ich kann es kaum erwarten, wo uns
unser nächstes Abenteuer hinführen
wird.

Theater

Kinobesuche

Kunstausstellungen

Das Pfalztheater, unser ganz persönlicher kultureller Schatz, entfaltet eine Faszination, die uns immer wieder in seinen Bann zieht. Jedes Mal, wenn wir die Türen zu diesem liebevoll gestalteten Haus durchschreiten, fühlen wir uns in eine andere Welt versetzt. Die Atmosphäre ist erfüllt von kreativer Energie, die uns ansteckt und zum Staunen bringt. Gemeinsam mit unserer Theatergemeinschaft haben meine Frau und ich uns entschieden, den Theaterfreunden des Pfalztheaters beizutreten. Diese Entscheidung war goldrichtig, denn sie eröffnet uns nicht nur den Zugang zu einzigartigen Inszenierungen, sondern auch zu einem Netzwerk von Gleichgesinnten, die die Liebe zur Bühne teilen.

Doch unser kulturelles Abenteuer endet nicht in der Pfalz. Immer wieder zieht es uns in die großen Theatermetropolen Deutschlands. In Berlin, Hamburg und Köln sind wir oft anzutreffen, bereit, uns von neuen Geschichten und beeindruckenden Darbietungen mitreißen zu lassen. Das „Theater an der Basilika" in Hamburg bleibt für uns ein unvergessliches Erlebnis. Das Interieur strahlt eine zeitlose Eleganz aus, während die Inszenierungen nicht nur unterhalten, sondern auch zum Nachdenken anregen. Hier wird Theater zu einem Fest der Sinne, das uns in seinen Bann zieht.

In Berlin sind wir besonders häufig der Komödie am Ku'damm. Die Inszenierungen sind stets von höchster Qualität und die Schauspieler meistern ihre Rollen mit einer Leidenschaft, die uns immer wieder beeindruckt. Ein weiteres Highlight unserer Berliner Abende sind „Die Stachelschweine" im Europa-Center. Hier treffen Satire und Humor auf ein Publikum, das lacht, denkt und diskutiert. Jeder Besuch wird zu einem unvergesslichen Erlebnis, bei dem wir die Sorgen des Alltags hinter uns lassen.

Köln hingegen zieht uns mit seinen mitreißenden Musicals in seinen Bann. Jedes Mal, wenn wir die Kölner Bühnen betreten, sind wir voller Vorfreude auf die grandiosen Darbietungen, die uns erwarten. Die Kombination aus Gesang, Tanz und Schauspiel lässt uns die Zeit vergessen und in die Geschichten eintauchen, die auf der Bühne zum Leben erweckt werden.

Obwohl wir Kinos weniger frequentieren, ist es für uns eine besondere Freude, die barrierefreien Kinos in unserer Stadt oder mit Freunden in Aurich/Ostfriesland zu besuchen. Hier erleben wir Filme in einer Atmosphäre, die Rücksicht auf alle Zuschauer nimmt und ein gemeinschaftliches Erlebnis schafft. Es ist eine wertvolle Ergänzung zu unseren Theaterbesuchen, die uns eine andere Form der Kunst nahebringt.

Meine Frau strahlt vor Freude, wenn sie durch die Türen der Kunstausstellung schreitet. Ihr Blick leuchtet, und ich sehe, wie ihre Augen jeden Pinselstrich und jede Farbnuance aufsaugen. In diesen Momenten begleitet mich eine kleine Melancholie, denn obwohl ich ihren Enthusiasmus bewundere, fühle ich mich in der Welt der Kunst oft verloren. So beschließe ich, sie die Wunder der Kunst allein entdecken zu lassen, während ich mich in ein nahegelegenes Bistro zurückziehe.

Mit dem Leben ist es wie mit einem Theaterstück.
Es kommt nicht darauf an, wie lang es ist, sondern wie bunt.

Seneca

Der Duft frisch gebrühten Kaffees umhüllt mich wie eine warme Umarmung. Ich lasse mich auf einen bequemen Stuhl fallen, während ich auf den kleinen Tisch vor mir schaue. Hier, mit der Tasse in der Hand, genieße ich den Moment der Stille. Die Menschen um mich herum, die vorbeieilen oder sich angeregt unterhalten, scheinen in ihrer eigenen Welt gefangen zu sein, während ich geduldig warte. Es ist nicht das erste Mal, dass ich so hier sitze, und das Gefühl des Wartens wird mit jeder Tasse Kaffee ein wenig vertrauter.

Die Zeit vergeht und ich träume vor mich hin, während ich an meinem Kaffee nippe. Ich stelle mir vor, wie meine Frau durch die Ausstellungsräume wandert, ihre Augen leuchten, wenn sie ein neues Werk entdeckt. Ihr Interesse für die Kunst ist ansteckend, und ich freue mich darauf, sie später mit ihren neuen Eindrücken zu sehen und zu hören.

Sie hat etwas gefunden, das sie mit mir teilen möchte. Ich bin voller Vorfreude, ihren Worten zu lauschen. Ihre Energie sprudelt über, während sie mir von den Künstlern erzählt und von den Emotionen, die die Werke in ihr geweckt haben. In diesem Moment frage ich mich, ob es nicht doch einen kleinen Teil von mir gibt, der sich für die Kunst interessiert – durch ihre Augen, ihre Begeisterung und ihre Leidenschaft. Und während ich leise lächelnd ihr zuhöre, weiß ich, dass es genau das ist, was unsere Verbindung so stark macht.

*Kunst ist das Mikroskop,
das der Künstler
auf die Geheimnisse seiner Seele
einstellt,
um diese allen Menschen
gemeinsamen Geheimnisse
zu zeigen.*

Leo Tolstoi

Literarische Veranstaltungen

Dies sind magische Zusammenkünfte, bei denen die Worte lebendig werden und die Atmosphäre mit einer besonderen Energie erfüllt ist. Sie bieten uns die wunderbare Gelegenheit, in die Welt der Geschichten einzutauchen und die Gedanken und Emotionen von Autoren hautnah zu erleben. Die Spannung, die in der Luft liegt, wenn man die ersten Sätze einer Lesung hört, ist unvergleichlich. Es ist, als ob die Zeit stillsteht, während man in die Gedankenwelt eines anderen eintaucht, seinen Ideen und Gefühlen folgt und seine Inspiration spürt.

Einer der Höhepunkte meiner bisherigen schriftstellerischen Reise war die Frankfurter Buchmesse. Inmitten der bunten Stände, umgeben von Menschen, die sich leidenschaftlich für Literatur begeistern, fühlte ich mich wie ein Teil von etwas Größerem. Auf dem Stand meines Verlags zu stehen und das eigene Werk vorzu-

stellen, war für mich ein unbeschreib-
liches Gefühl. Man spürt die Neugier
der Besucher, die im besten Fall mit
offenen Ohren, aber oft auch mit
großen Fragen auf einen zukommen.
In diesen Momenten entsteht ein
Dialog, der nicht nur das Verständnis
für die eigene Arbeit vertieft, sondern
auch das Herz öffnet für die Geschichten anderer.

Aber nicht nur die großen Festivals
bieten solchen Zauber. Auch kleinere
Lesungen – sei es in einer gemütli-
chen Buchhandlung oder im Rahmen
privater Veranstaltungen – haben
ihren ganz eigenen Charme. In diesem
intimen Rahmen erlebe ich oft, wie
Leser und Autoren miteinander ins
Gespräch kommen, wie wir gemeinsam über Themen diskutieren, die uns
bewegen. Diese Diskussionen sind oft
die goldenen Momente einer Lesung.
Sie bringen Gedanken und Einsichten
ans Licht, die für die Zuhörer als auch
für mich als Autor bereichernd sind.

Jeder dieser Dialoge hinterlässt einen unauslöschlichen Eindruck und erweitert den Horizont.

Und dann kommt der Moment, auf den ich immer besonders gespannt bin: die Signierstunde. Wenn ich dastehe, von meinem Werk umgeben und umgeben von Menschen, die aufgeregt darauf warten, ihr Exemplar signiert zu bekommen, spüre ich eine Welle von Dankbarkeit. Oft ist es nicht nur ein Buch, das sie in der Hand halten. Es sind Träume, Erinnerungen, vielleicht auch Hoffnungen, die sie mit dieser Geschichte verbinden. Hier bringt meine Frau ihre Unterstützung ein, indem sie mir hilft, die Aufmerksamkeit der Leser zu steuern, ihre Fragen zu beantworten und die Momente zwischen den Unterschriften mit kleinen Gesprächen zu füllen. Es erfüllt mich mit Freude, sie an meiner Seite zu wissen. Gemeinsam schaffen wir eine einladende Atmosphäre, in der sich jeder willkommen und gehört fühlen kann.

Diese literarischen Veranstaltungen sind mehr als nur Lesungen. Sie sind eine Feier der Literatur, des Lebens und der menschlichen Verbindung. Sie bleiben für immer in meinem Herzen verankert und erinnern mich daran, warum ich schreibe: um Brücken zwischen Menschen zu bauen, um Geschichten zu erzählen, die verbinden und berühren.

Kulturelle Feste, Märkte und Museen

Dies sind die pulsierenden Herzen einer jeden Gemeinschaft, sie sind die lebendigen Zeugen der Seele eines Volkes.

Wenn wir durch die Straßen schlendern, wo bunte Fahnen im Wind wehen und der Duft traditioneller Speisen in der Luft schwebt, dann fühlen wir uns wie einen Teil einer großen, bunten Familie. Jedes Fest erzählt Geschichten, die tief in den Traditionen verwurzelt sind, die von Generation zu Generation weitergegeben wurden.

Stellen Sie sich vor, wie die klangvollen Melodien einer traditionellen Musik-gruppe die Luft erfüllen, während Sie sich unter die fröhlichen Menschen mischen, die in farbenfrohen Trachten tanzen und singen.

In diesen Momenten sind es nicht nur die Klänge und Farben, die uns umgeben, sondern auch die Emotionen, die Orgasmen der Freude, die Gemeinschaft und die Verbundenheit, die uns ehrfürchtig streifen. Man spürt förmlich den Stolz der Menschen, die ihre Kultur mit Leidenschaft feiern. Hier wird die Geschichte lebendig, und wir werden eingeladen, Teil dieser lebendigen Chronik zu werden.

Die Märkte sind ein weiteres Juwel dieser kulturellen Entdeckungsreise. Sie sind Plätze des Austauschs, an denen Händler ihre Waren anbieten und Geschichten erzählen. Jeder Stand birgt Rätsel und Schätze – von handgefertigten Kunstwerken bis hin zu köstlichen regionalen Spezialitäten. Man kann die Hektik des Alltags hinter sich lassen und eintauchen in die bunte Vielfalt der Aromen, Farben und Geräusche. Das Gespräch mit den lokalen Anbietern, das Erfahren von deren Leidenschaft und Handwerkskunst, eröffnet uns neue Perspektiven auf die Kultur und das Leben hier. Es ist ein Fest für die Sinne, dass uns sowohl den Gaumen als auch das Herz erfüllt.

Museen wiederum sind die stillen Hüter der Geschichte. In ihren Hallen finden wir nicht nur Artefakte und Kunstwerke, sondern auch die Erzählungen der Menschen, die in diesen Regionen lebten. Jede ausgestellte Sammlung ist ein Fenster in eine andere Zeit, ein Medium, das uns verbindet mit den Strömungen und Struggles, den Träumen und Hoffnungen vergangener Generationen. Das Eintauchen in die lokalen Gepflogenheiten und die kreativen Ausdrucksformen, die in den Museumssälen präsentiert werden, öffnet uns die Augen und schafft eine tiefere Dankbarkeit für die Vielfalt der Menschheit.

Das Moormuseum in Moordorf hat uns alle tief berührt und in seinen

Bann gezogen. Während wir durch die liebevoll gestalteten Ausstellungen schlenderten, spürten wir förmlich die Geschichte des Moores, die hier lebendig wird. Die Luft war erfüllt von einer geheimnisvollen Atmosphäre, als ob die jahrhundertealten Geheimnisse der Natur uns zuraunten.

Ich erinnere mich an den Moment, als meine Frau mit leuchtenden Augen vor einer Ausstellungswand stand, die die harten Arbeitsbedingungen der Torfstecher eindrucksvoll darstellte. Sie wusste, dass hier Menschen mit unerschütterlicher Kraft und Hingabe gearbeitet hatten – und ich konnte förmlich die Bewunderung und den Respekt spüren, das sie für diese mutigen Seelen entwickelte.

Anke und Jochen, tief in die Erzählungen vertieft, fanden sich in Geschichten wieder, die sie zum Nachdenken anregten. Die Erinnerungen an eine vergessene Zeit wurden für uns alle greifbar. Wir diskutierten lebhaft über die Herausforderungen und Triumphe der damaligen Generationen, und es wurde klar, dass die enormen Anstrengungen, die die Menschen unternommen hatten, um das Moor zu kultivieren, eine Verbindung zu unseren eigenen Leben herstellten.

Das Moormuseum ist mehr als nur ein Ort der Vergangenheit; es ist ein lebendiges Zeugnis menschlicher Entschlossenheit und Naturverbundenheit

Der emotionale Reichtum, den wir erlangen, wenn wir uns auf diese kulturellen Erlebnisse einlassen, ist unermesslich. Es ist die Erkenntnis, dass trotz aller Unterschiede in unseren Herkunftsgeschichten und Normen, wir durch die universalen Wurzeln von Kunst, Musik und Festen miteinander verbunden sind. In dieser kulturellen Patchwork-Decke finden wir die Schönheit der Menschlichkeit, die uns inspiriert, lehrt und berührt.

Kulturelle Feste, Märkte und Museen sind mehr als nur Veranstaltungen oder Einrichtungen – sie sind Brücken, die uns zu den Herzen der Menschen führen, zu ihrer Kultur und ihrer Identität. Wenn wir uns darauf einlassen, entdecken wir nicht nur die Welt um uns herum, sondern auch einen Teil von uns selbst.

Weiterführende Literatur und Quellenverzeichnis

Klaus-Peter Dreykorn „Selfness Coaching" Amazon Fullfilment

Zukunftsinstitut GmbH, Frankfurt/M. und Wien

Victor E. Frankl „Warum ein Leben zu leben hat" Beltz Verlag

Nina Winkler „Venus Workout" Knaur Ratgeber Verlag

Reinhard Tausch „Gesprächspsychotherapie" Verlag für Psychologie

am-lebensende.de „Buddhistische Zitate"

Maren Schneider „Der kleine Alltags-Buddhist" G/U Verlag

J. Murphy „Die Macht Ihres Unterbewusstseins" Knaur Verlag

Janos Vidonyi „Erfolg durch Planung"
Goldmann Verlag

Nosrat Peseschkian „Positive Psycho-
therapie" Fischer Verlag

J. Kirschner „Die Kunst ein Egoist zu
sein" Knaur Verlag

Wolfgang Gregor „bonjour-elsass.de"
Karlsruhe

Erich Kästner „Leben ist immer
lebensgefährlich..." Atrium Verlag

Eva Maria Dreykorn „Geistig fit im
Alter" Amazon Fullfilment

Hermann Hesse „Die Kunst des
Müßiggangs" surkamp taschenbuch

J. Murphy „Leben in Harmonie"
Goldmann Verlag

Eduard Herz „Tiefenentspannung"
Kolb Verlag

R. Bach/P. Wyden „Streiten verbindet" Fischer Verlag

W. Kirst/U. Diekmeyer

„Kontakttraining" Rowohlt Taschenbuch

Thomas A. Harris „Ich bin ok. Du bist
ok." Rowohlt Taschenbuch

Klaus-Peter Dreykorn, „Mein Tod
muss warten, BoD Verlag

Weitere Bücher
vom Autor

Mein Tod
muss warten

Jeder Atemzug zählt

In den Tiefen meiner menschlichen Existenz entfaltet sich ein Buch, das die Seele mit einem fesselnden Thema konfrontiert. Es offenbart sich ein Panorama aus faszinierenden Hintergründen und packenden Geschichten, durchzogen von emotionalen Konflikten, die das Herz und die Seele in den Abgrund von Krisen und Triumphen stürzen.

Entdecke die geheime Macht in dir!

Dein Wegweiser zu mehr Erfolg

Dieses Buch ist ein wichtiger Wegweiser für mehr Anerkennung und Erfolg im privaten und beruflichen Leben.

Es ist ein Ratgeber mit vielen praktischen Tipps und Anregungen, die mehr als 30.000 Teilnehmer in meinen Seminaren, Trainings und Workshops bereits zielorientiert anwenden und umsetzen konnten.

Du erfährst in diesem Buch, wie du dich positiv beeinflussen und erfolgsorientiert entwickeln kannst.

Erfolgreich reden und verhandeln!

Mit starken Worten zum Erfolg!

Dieses Buch ist ein Ratgeber für Gesprächs- und Verhandlungstechniken, die vom Autor entwickelt und in vielen Workshops und Coachings erfolgreich angewandt wurden.

So zum Beispiel kannst du schnell aus dem Stegreif eine Rede halten, oder in Verhandlungen die Führung übernehmen.